# ARRIVÉE ET SÉJOUR

## A MARSEILLE

### DE

# LEURS MAJESTÉS IMPÉRIALES

# ARRIVÉE ET SÉJOUR

## A MARSEILLE

DE

# LEURS MAJESTÉS

# L'EMPEREUR NAPOLÉON III

ET

# L'IMPÉRATRICE EUGÉNIE

### Les 8, 9 et 10 septembre 1860

Mens omnibus una est.

*Virg. Georg.* liv. IV.

MARSEILLE

IMPRIMERIE ET LITHOGRAPHIE SENÉS, IMPRIMEUR DE LA PRÉFECTURE,
Rue Paradis, 36.

1861

# ARRIVÉE ET SÉJOUR

## A MARSEILLE

### DE

# LEURS MAJESTÉS IMPÉRIALES.

Ce n'est pas avec la plume calme et froide des comptes-rendus que devrait être écrite la relation des fêtes qui ont eu lieu pendant les mémorables journées que Leurs Majestés Impériales ont bien voulu consacrer à la ville de Marseille ; c'est avec le style passionné du dithyrambe qu'il faudrait s'efforcer de peindre ces émotions sympathiques, cet enthousiasme ardent , ces soudaines acclamations qu'excitait chez tous et partout la présence des Augustes Visiteurs. Dans la conscience que nous avons de notre impuissance à élever le langage à la hauteur du sujet, on comprendra que nous ne l'ayons pas essayé et que nous nous soyons réduit à raconter simplement ce que nous avons vu, laissant à ceux qui l'ont pu voir comme nous, le soin de rappeler leurs souvenirs, et à ceux qui n'ont pas été assez favorisés pour en être témoins, toute liberté de donner carrière à leur imagination. Quoi qu'ils puissent se figurer, ils demeureront toujours au-dessous de la réalité.

Depuis quinze jours, Marseille, comme toute la France, connaissait le départ de Paris de Leurs Majestés; depuis quinze jours, à chaque courrier, les journaux et les correspondances nous entretenaient des mille incidents de ce merveilleux voyage devenu à la lettre une longue marche triomphale, une continuelle ovation. Ces récits, lus avidement et commentés, excitaient une fièvreuse impatience parmi toutes les classes de notre population, qui se promettait bien de ne se laisser dépasser dans ses démonstrations par aucune autre localité, quelle qu'elle fût. L'autorité municipale, de son côté, fidèle interprète du sentiment populaire et dignement secondée par ses agents, imprimait une prodigieuse activité à ses grandioses préparatifs, destinés à distancer de bien loin tout ce qui avait été fait dans le passé et sans doute aussi tout ce que l'on pourra faire dans l'avenir. Nous les indiquerons, autant qu'il dépendra de nous, à mesure que la succession des fêtes nous amènera sur les lieux.

Le programme de ces fêtes, que nous transcrivons ici, publié et affiché le 5 septembre, en répondant largement à l'attente du public et même en la surpassant, vint lui donner aussi la preuve que les ordonnateurs n'avaient rien oublié, et que les préoccupations des banquets, des bals, des splendides illuminations, ne leur avaient pas fait perdre de vue la part à faire aux bonnes œuvres et à la bienfaisance.

## PROGRAMME.

Nous, Maire de la ville de Marseille,

Portons à la connaissance des habitants les dispositions du programme de l'arrivée et du séjour de LL. MM. l'Empereur et l'Impératrice à Marseille.

*Journée du samedi 8 septembre.*

LL. MM. l'Empereur et l'Impératrice arriveront à Marseille samedi 8 septembre, à quatre heures et demie de l'après midi.

L'arrivée de Leurs Majestés sera annoncée par une salve de 21 coups de canon tirée par les forts. A ce signal, toutes les cloches de la Ville se feront entendre.

Leurs Majestés seront reçues à la gare du chemin de fer par les autorités religieuses, civiles et militaires, le Conseil général, les Députés du Département et le Secrétaire général de la Préfecture.

Le Maire, à la tête de son Conseil municipal, présentera à l'Empereur les clefs de la Ville.

Leurs Majestés monteront en voiture et se rendront à la Préfecture.

La haie sera formée, sur tout le parcours, par les Sapeurs-pompiers, les députations des communes rurales et les troupes de la garnison.

Les médaillés de Sainte-Hélène et les élèves du Lycée seront rangés aux abords de la Préfecture.

A l'arrivée à la Préfecture, présentation des dames à Sa Majesté l'Impératrice, à laquelle les jeunes filles offriront des fleurs.

Réception des Autorités.

A sept heures et demie, grand dîner à la Préfecture.

A neuf heures et demie, spectacle au Grand-Théâtre.


*Journée du dimanche 9 septembre.*

A dix heures du matin, visite à N.-D.-de-la-Garde, où Leurs Majestés entendront la messe.

A une heure après-midi, revue des troupes. La revue s'étendra depuis la Canebière jusqu'au quai du Port, à la hauteur de l'Hôtel-de-Ville.

Visite à la Résidence Impériale.

Leurs Majestés Impériales monteront en bateau à vapeur et se rendront au Frioul, où Elles assisteront à l'embrasement d'une mine.

Visite à la Cathédrale et aux nouveaux ports.

A sept heures et demie, dîner de Leurs Majestés,

A dix heures et demie, bal offert par la Ville à Leurs Majestés Impériales au château Borrély, dans les jardins duquel il y aura une fête et des danses provençales, au son du fifre et du tambourin.

Des bals publics auront également lieu sur les vastes pelouses du Château.

*Journée du lundi 10 septembre.*

Dans la matinée du lundi 10 septembre, promenade de Leurs Majestés dans les principaux quartiers de la Ville.

A une heure, excursion en bateau à vapeur à La Ciotat.

Lancement du bateau transatlantique *La Provence.*

A huit heures du soir, inauguration de la Bourse de commerce, où un banquet sera offert à Leurs Majestés par la Chambre de commerce.

A onze heures, Leurs Majestés Impériales se rendent à bord du Yacht Impérial.

Pour rattacher des actes de charité et des œuvres de bienfaisance au souvenir du passage et du séjour à Marseille de Leurs Majestés Impériales, l'administration municipale a arrêté les dispositions suivantes :

Une distribution de bons de pain et de viande sera faite par les soins des membres du Conseil municipal et du Bureau de bienfaisance , ainsi que par MM. les curés et recteurs 'des diverses paroisses de la Ville et de la Banlieue.

Il sera fait, en outre, aux frais de la ville, un dépôt de cent francs à la Caisse d'épargnes pour tous les enfants du sexe féminin qui naitront de père et mère français, domiciliés et demeurant à Marseille, et seront inscrits sur les registres de l'état-civil dans les trois journées des 8, 9 et 10 septembre courant.

Ce dépôt leur sera remis, avec les intérêts accumulés, lors de leur mariage ou à l'époque de leur majorité.

Le présent programme sera imprimé et affiché dans tous les lieux accoutumés de la Ville et du Territoire.

Fait à Marseille, en l'Hôtel-de-Ville, le 5 septembre 1860.

LAGARDE.

Ajoutons, ce que le programme ne pouvait pas mentionner, mais ce qui est consigné dans des actes de l'autorité locale, qui resteront comme des preuves de sa prévoyante sollicitude, ajoutons que toutes les précautions avaient été prises pour prévenir les mille accidents possibles au milieu de l'immense concours que l'on présumait et qui a encore été dépassé, que la circulation des voitures avait été réglée pour tout le temps du séjour de Leurs Majestés, que le sol de toutes les voies où la foule devait probablement se porter au passage du cortège avait été soigneusement sablé, que tout embarras, tout encombrement en avait disparu, si bien qu'aucun événement fâcheux n'est survenu qui puisse attrister le souvenir de ces magnifiques journées.

En même temps que le programme était rendu public, M. le Maire adressait un chaleureux appel à ses administrés dans une proclamation qui a témoigné une fois de plus qu'un beau angage est toujours chez lui au service d'une pensée noble et juste.

## PROCLAMATION DE M. LE MAIRE.

Chers Concitoyens,

L'Empereur et l'Impératrice seront, dans quelques jours, au milieu de nous, et Marseille ne restera pas en arrière de ces éclatantes et sincères manifestations qui signalent partout le passage de Leurs Majestés Impériales, dans ce voyage triomphal à travers la France et les provinces nouvellement annexées !

Les populations accourent avec enthousiasme au-devant de Leurs Augustes Visiteurs et saluent, dans le glorieux chef de l'Etat, l'homme providentiel qui est devenu, par son génie et par sa sagesse, le conseil et l'arbitre du Monde !

Heureuse et fière de ce gouvernement qui personnifie les plus nobles instincts d'une grande nation, la France a repris sa confiance en elle et porte un regard assuré vers l'avenir !

Mais n'est-ce pas surtout dans notre populeuse et riche cité, où la vigilante pensée de l'Empereur se manifeste par l'accroissement de la prospérité publique, que l'accueil fait à Leurs Majestés Impériales acquittera la dette d'une vive reconnaissance ?

L'Empereur tient toutes ses promesses : le nom français a reconquis tout son prestige, et la France offre l'exemple d'un gouvernement et d'un pays étroitement unis.

L'Empereur a donné un spectacle rare dans l'histoire, la modération dans la force. S'arrêtant lorsque tant d'autres auraient pu céder à de séduisants entraînements, l'Empereur a montré deux fois à l'Europe qu'il savait résister aux enivrements même de la victoire. Marseille a applaudi à cet héroïque désintéressement, parce qu'elle y a vu le gage de cette sécurité qui favorise l'essor de son génie commercial !

Vous ferez donc retentir autour de l'Empereur les plus enthousiastes acclamations, parce qu'il a pacifié les partis ; qu'il a protégé et excité l'industrie, l'agriculture, les arts ; parce qu'il a ouvert le monde à l'activité commerciale en brisant les barrières douanières ; parce qu'il a suscité l'élan des grands travaux et réveillé, du bruit de ses victoires, les vieux échos de la grandeur française en Italie, en Orient, partout enfin où l'honneur, la civilisation, l'humanité appelaient nos vaillantes légions !

Ce qui ajoutera encore à votre enthousiasme, ce sera la présence aussi, parmi vous, de l'Impératrice, dont les vertus et les grâces entourent de tant d'éclat le premier trône du monde. Vous saluerez dans cette noble Souveraine, dont l'auguste nom est couvert des bénédictions du pauvre, la mère du Prince Impérial, gage précieux et certain de notre avenir !

Unissez donc, unissez dans l'énergique manifestation de votre dévouement, ces trois cris chers à la France :

*Vive l'Empereur !*

*Vive l'Impératrice !*

*Vive le Prince Impérial !*

Le Maire de Marseille,

LAGARDE.

Ces éloquentes paroles eurent un profond retentissement dans tous les cœurs ; elles s'harmonisaient si bien avec l'entraînement général que chacun les accueillit comme un brillant écho de ses propres inspirations.

Le même jour, 5 septembre, la flotille impériale arriva et vint jeter l'ancre dans le vieux port. Elle se composait des yachts à vapeur, l'Aigle et la Reine Hortense et des frégates d'escorte, le Vauban, la Sèvre et l'Arriège. Les trois derniers navires s'amarrèrent au quai de Saint-Jean. Les deux yachts se placèrent en face de la Canebière, de chaque côté d'un embarcadère établi en prolongement du quai Napoléon, et auquel donnait accès un pavillon en velours cramoisi à galons et cordelières d'or.

L'arrivée de ces bâtiments, preuve visible que les solennités étaient prochaines, eût pour effet de donner une impulsion nouvelle aux travaux, en redoublant le zèle des directeurs, et de surexciter encore l'aspiration universelle.

# PREMIÈRE JOURNÉE.

*Samedi, 8 Septembre.*

Dès le matin, un mouvement inaccoutumé règne dans tous les quartiers de notre ville, qui, dans quarante-huit heures, a vu sa population augmenter au-delà de toute prévision. Les nombreux véhicules qui desservent nos environs arrivent surchargés et sont loin de suffire. Par tous les chemins, par toutes les avenues, s'empressent à pied les cohortes compactes des habitants de la Banlieue ; hommes, femmes, enfants, tous ont déserté les champs ; tous, comme ils le disent, *veulent faire fête*. Cette affluence extraordinaire qui se répand partout, qui remplit les lieux publics, qui inonde nos rues, nos promenades, nos quais, donne à la Cité un air de joyeuse animation, impossible à décrire. Et cependant, ce que l'on aurait cru impossible, plus la journée s'avance, plus le concours semble s'accroître.

Vers trois heures, la société des anciens militaires décorés de la médaille de Sainte-Hélène, et les cent quatre-vingt-dix-huit sociétés d'ouvriers de notre ville, précédées de leurs bannières, quelques-unes avec des corps de musique, se mettent en marche et se dirigent en ordre vers les rendez-vous qui leur ont été assignés.

A quatre heures, la Municipalité part de l'Hôtel-de-ville pour se rendre à la gare du chemin de fer. L'escorte est formée par la compagnie des Sapeurs-pompiers, tambours et musique en tête, et par la compagnie de l'Octroi. Viennent d'abord les trompettes et les valets de ville en grande livrée, puis les huissiers en costume de cérémonie, portant sur un plateau d'argent un coussin de velours où reposent les clef de la Cité. M. le Maire s'avance immédiatement, entouré de ses adjoints et du Conseil municipal, et suivi par les administrations qui ressortissent de son autorité, ainsi que par les sociétés dont nous venons de parler. Ces dernières prennent successivement leurs places et forment des haies profondes qui bordent toutes les voies que le Cortège Impérial doit parcourir. C'est avec quelque peine que le reste de la colonne pénètre dans l'enceinte de la Gare d'où l'on avait été forcé d'exclure le public, mais qui n'en était pas moins encombrée par la foule des fonctionnaires de tout rang, de tout ordre et de toute localité, que leur dévouement non moins que leur devoir y avait réunis.

Le grand salon de la Gare est drapé de somptueuses étoffes que rehaussent des écussons aux chiffres de Leurs Majestés. Une ouverture spéciale a été pratiquée pour communiquer avec la marquise ou pavillon élevé au dehors, et sous lequel Leurs Majestés doivent monter en voiture. Ce pavillon tout en velours, tout scintillant de dorures, est surmonté d'un dôme cantonné de drapeaux et d'étendards en faisceaux. Des faisceaux pareils sont appendus aux mâts vénitiens qui s'alignent de chaque côté de la vaste cour, et au sommet desquels le vent fait onduler des oriflammes frangées d'or.

Cette décoration de mâts, d'oriflammes et de faisceaux se prolonge en une double rangée depuis la Gare jusqu'à la Préfecture.

De distance en distance sont échelonnés des corps de tambourins se renvoyant les uns aux autres les vieux airs du gai répertoire des ménétriers provençaux.

Enfin, sur plusieurs points de cette ligne, la sympathie populaire a voulu renchérir sur l'ordonnance officielle, notamment au Chapitre et à la rue Noailles, où l'on a, environ à un mètre du sol, entouré le pied des mâts d'élégantes corbeilles dans lesquelles sont groupées de jeunes filles vêtues de blanc, chargées de jeter des fleurs sur le passage de Leurs Majestés.

A quatre heures et demie précises à l'horloge de la Gare, le train impérial, conduit par les deux chefs de service, MM. Dufeutrelle et Edward Philippon, s'arrête dans l'une des grandes nefs de l'établissement. A l'instant le canon tonne et les cloches de la ville sonnent à toute volée. Outre leur suite habituelle de hauts personnages, Leurs Majestés sont accompagnées de M. le maréchal Comte de Castellane, commandant supérieur des départements du Sud-Est, de M. le général de division d'Aurelles de Paladine, commandant la neuvième division militaire, et de M. Besson, Préfet des Bouches-du-Rhône.

Bientôt Leurs Majestés entrent dans le grand salon où Elles sont reçues par M. Lefebvre, secrétaire général de la Préfecture, par Mgr de Mazenod et Mgr Jeancard, par le Conseil général du Département, et par M. le Maire, ses Adjoints et le Conseil municipal. C'est alors que M. le Maire, s'approchant de Leurs Majestés, présente à l'Empereur les clefs de la Ville et prononce le discours suivant :


« SIRE,


« En présentant à Votre Majesté les clefs de la Ville, je suis heureux de pouvoir fermement lui donner l'assurance que cette grande cité ne le cède à aucune autre comme dévouement à Votre Auguste Personne. »

« Le conseil municipal qui m'entoure, se présente à Votre Majesté avec une autorité jusqu'à ce jour inconnue : Il est l'élu de quinze mille électeurs ! Le suffrage universel a compris que dans cette circonstance et à la veille même de votre arrivée, il avait un grand devoir à remplir, et c'est avec le plus chaleureux entraînement et aux cris de *Vive l'Empereur !* que les classes laborieuses surtout, voyant cette élection contestée, malgré un si éclatant succès, ont donné une double consécration à la nomination d'hommes dévoués à Votre Dynastie. »

« Marseille sait tout ce que vous avez fait pour elle, Sire; elle est pleine de reconnaissance pour le passé, pleine d'espérance pour l'avenir, et c'est de Votre Majesté elle-même qu'elle attend l'élan des importants travaux qui devront la transformer. »

« Aucune ville ne s'est plus profondément associée à la grandeur de votre politique, et, voisine de l'Orient et de l'Italie, aucune ville n'a éprouvé de plus patriotiqnes transports pour la légitime satisfaction que vous avez donnée à nos instincts nationaux. »

« Marseille vous aime, Sire, non-seulement pour le bien matériel que vous lui avez fait, mais parce que, plus qu'aucune autre ville, elle a profité de l'ordre que vous avez rendu au pays et de la gloire à laquelle vous avez élevé et saurez maintenir la France, qui répondra toujours spontanément à votre appel, Sire, parce que sa confiance en vous est sans bornes, et que, sous Votre Sceptre Impérial, elle se sent fière et puissante. »


« Madame,

« C'est la première fois qu'une Souveraine vient nous visiter; Marseille reconnaissante inscrira avec orgueil cette précieuse date dans son histoire. Les vertus et les grâces de Votre Majesté avaient d'avance conquis tous les cœurs, et Marseille vous aime aussi, parce que vous êtes l'ange tutélaire des malheureux, l'héroïque et courageuse compagne de l'Empereur et la mère, enfin, du Prince Impérial qui est l'avenir vivant de la France, et que nos fils, à leur tour, sauront aimer comme vous êtes aimée vous-même.

A ce discours, l'Empereur, au milieu du plus religieux silence et de l'émotion générale, répond en ces termes :

« Je suis extrêmement touché de l'accueil que vous venez de me faire. Je suis venu à Marseille pour juger moi-même des progrès que vous avez faits, et m'entendre avec vous sur tout ce qui vous reste à faire. Vous savez depuis longtemps la confiance que j'ai en vous. Je veux que Marseille soit la première ville de la Méditerranée ! »

Quelques instants après, le Cortège se met en marche dans l'ordre suivant :

Un piquet de gendarmerie ;
Un peloton de hussards ;
Un piqueur à cheval ;
Un détachement des Cent-gardes ;
La voiture impériale attelée de quatre chevaux et conduite à la Daumon par des postillons à la livrée de Sa Majesté, vert et or ;
Deux officiers d'ordonnance chevauchant aux portières ;
L'Empereur est en costume d'officier-général, avec le cordon rouge et le chapeau à plumes blanches ; l'Impératrice porte une toilette d'un goût exquis tout à la fois et d'une élégante simplicité. Monsieur le maréchal de Castellane et M. le général d'Aurelles, en grand uniforme, sont sur le devant en face de leurs Majestés.

2

Viennent ensuite :

Trois autres voitures attelées et conduites comme la pre-
mière ; elles sont occupées par les personnes de la suite ;
Un autre détachement des Cent-gardes ;
Les nombreuses voitures des autorités ;
Un peloton de hussards fermant la marche.

C'est ainsi que la brillante cavalcade se dirige vers l'Hôtel
de la Préfecture, où sont préparés les appartements de Leurs
Majestés, en suivant la rue de la Grande-Armée, les allées de
Meilhan, la rue Noailles, la Canebière, la rue Saint-Ferréol
et la rue Mazade.

Sous l'habile direction de M. A. Martin, architecte du
Département, l'Hôtel de la Préfecture a subi de nombreuses
transformations et a reçu les embellissements destinés à le
rendre digne de ses Illustres Hôtes. L'ameublement a été re-
nouvelé en entier ; on a prodigué partout les riches tissus
en tentures, en rideaux, en draperies ; partout de l'or, de la
soie et du velours ; partout de luxueux tapis. On a remarqué
particulièrement le salon de réception et l'ornementation de
la belle salle de banquet, construite pour la circonstance sur
la terrasse du jardin.

Nous venons d'indiquer rapidement l'ordre du cortège et
la nature des décors ; mais ce que nous n'avons pas dit,
parce que nous ne savons comment l'exprimer dignement,
c'est l'incroyable enthousiasme qui a accueilli les Augustes
Voyageurs ; c'est l'explosion des vivats qui ont ébranlé les
voûtes de la Gare à la réponse de l'Empereur au Maire ; c'est
le tonnerre d'acclamations qui a précédé, accompagné, suivi
le Couple Impérial sans jamais cesser ni faiblir ; ce sont ces
bannières qui s'inclinaient, ces mains étendues, ces chapeaux
en l'air, ces mouchoirs agités, ces yeux humides, ces démonstrations de toute nature s'échappant spontanément de

tous les cœurs ; c'est enfin le puissant Empereur, heureux et serein au milieu de cette ivresse, la jeune et belle Impératrice, émue et souriante, tous deux saluant la foule et ne pouvant suffire à tant de témoignages de sympathie et d'affection.

Aux abords de la Préfecture, la manifestation redouble encore d'énergie. Là sont les médaillés de Sainte-Hélène qui, par l'organe de leur président, l'honorable général Ménard-St-Martin, font hommage à Sa Majesté d'une couronne de chêne et de laurier en or. Là, groupés tout auprès, sont les élèves du Lycée Impérial qui unissent avec transport leurs jeunes voix à celles des vieux braves. Ce rapprochement de deux générations, si distantes par l'âge et confondant si bien l'expression de leurs sentiments, ne manque pas d'être observé et d'inspirer de touchantes réflexions.

A peine Leurs Majestés sont-elles descendues de voiture que les réceptions commencent.

Une députation de jeunes demoiselles est admise auprès de l'Impératrice. A leur tête, Mademoiselle Marguerite LAGARDE, fille de M. le Maire, offre à Sa Majesté un bouquet qu'elle accompagne d'un compliment en vers. Sa Majesté y répond par quelques paroles empreintes de la grâce la plus bienveillante.

On nous saura gré sans doute, de reproduire ici ces quelques vers qu'a signés un nom dont Marseille est fière à juste titre.

> A Vous qui veillez sur le trône
> Comme l'Ange de la bonté,
> J'ose offrir la simple couronne
> Que chaque jour l'été nous donne
> Pour les Reines de la beauté.
> Fleurs de Provence, elles sont nées
> Pour la plus Digne, ce matin ;

Fleurs, entre toutes fortunées,
L'aurore vous les a données,
Les fleurs ont aussi leur destin !
Elles disent nos allégresses
Dans leurs couleurs enchanteresses,
Joyeux rayons de ce beau jour ;
Dans les parfums de leur calice,
Pour notre chère Impératrice,
Elles exhâlent notre amour.

MÉRY.

Cependant les réceptions continuent d'après l'ordre des préséances et selon les exigences de l'étiquette. Toutes les autorités, toutes les administrations, tous les corps constitués ont tour-à-tour l'honneur de saluer Leurs Majestés.

C'est pendant cette cérémonie que M. le Maire, au nom de la Ville et conformément au vœu du Conseil municipal, présente à Sa Majesté l'Impératrice le portrait du Prince Impérial, peint sur émail, enrichi de brillants et monté en bracelet. M. le Maire, en faisant cette offrande, s'exprime de la manière suivante :

« MADAME,

« Marseille ne compte pas, comme Lyon, au nombre des produits de son industrie, ces remarquables et magnifiques étoffes qui font la juste admiration du monde entier et que nous aurions été si heureux de pouvoir offrir à Votre Majesté. »

« Mais, si nous sommes pauvres de ce côté, nous sommes du moins riches par les sentiments du cœur et c'est avec lui que nous savons acquitter les dettes de notre reconnaissance.

Nous avons pensé qu'après une longue absence, rien ne saurait être plus agréable au cœur d'une Mère que l'image du Fils Auguste destiné à faire longtemps sa joie et le bonheur de la France. »

« Que Votre Majesté daigne donc nous permettre de lui offrir respectueusement ce portrait dont la valeur est toute dans le sentiment qui en a inspiré l'offrande, et que nous la prions d'accepter comme le témoignage de l'admiration et du sincère dévouement dont nous sommes tous animés pour Votre Majesté. »

Sa Majesté se montre profondément touchée de l'intention qui a présidé au choix de ce bijou et le témoigne avec effusion.

A sept heures, a lieu, dans la salle du banquet, le grand diner donné par l'Empereur aux principales autorités, aux consuls des puissances étrangères et aux notabilites du département. Sa Majesté est assise entre Monseigneur l'Archevêque d'Aix à sa droite et M. le Maréchal de Castellane à sa gauche. L'Impératrice a Monseigneur l'Evêque de Marseille à sa droite et M. le Maire à sa gauche. Durant le repas, la musique militaire et les chœurs de la société devenue l'orphéon *Trotebas*, mandés par M. le Maire et établis dans le jardin, exécutent alternativement des symphonies et des chants.

L'habileté des choristes et la parfaite exécution des morceaux attirent l'attention de Leurs Majestés, qui donnent à plusieurs reprises des marques d'approbation. Au dessert, musique et chœurs cèdent la place au joyeux tambourin qui se fait entendre à son tour.

Dès l'entrée de la nuit une brillante illumination resplendit dans les rues Mazade, Saint-Ferréol, Canebière et Beauvau. A dix heures, Leurs Majestés dans des carosses de gala, escortées par les Cent-gardes, se rendent au Grand-Théâtre, en parcourant les rues que nous venons d'énumérer. Elles sont reçues à la porte de l'édifice par le Directeur qui, le flambeau à la main selon l'usage, les précède jusqu'au seuil de leur loge. Le même cérémonial est observé à leur départ.

La loge impériale est à l'amphithéâtre des premières, sur une estrade adossée à une tenture de velours semée d'abeilles d'or. La salle éclairée à giorno, comble du parterre au cintre, est éblouissante de parures et d'uniformes. A l'entrée de Leurs Majestés, l'assemblée se lève d'un seul élan et les salue d'un interminable vivat. C'est au milieu de l'agitation causée par ce chaleureux accueil, que Leurs Majestés prennent place sur le devant de la galerie. Le reste de la loge est occupé par les hauts fonctionnaires et par les officiers de la maison de l'Empereur. L'Impératrice est accompagnée de ses dames d'honneur. La toilette de Sa Majesté est ravissante d'élégance et de richesse ; sa robe blanche est brodée de fleurs roses et bleues ; elle porte un diadème et un collier en diamants et a eu la délicate attention de se parer du bracelet offert par la Ville.

Au lever du rideau, M. Saint-Léger, artiste de la troupe, vient déclamer des stances où, en beaux vers purement écrits, sont retracés rapidement les principaux faits de ce règne datant d'hier, pour ainsi dire, et déjà si glorieux et si bien rempli. Aux stances succède une cantate à grand orchestre, exécutée par les premiers sujets et par les chœurs de l'opéra. Dans ces deux morceaux, l'auteur, et ce n'est pas un petit mérite, n'est pas demeuré au-dessous de son sujet. La pompe du langage s'y unit à la noblesse des idées et ne nuit jamais à l'inspiration. Inutile d'ajouter que l'assistance entière, suspendue aux lèvres des acteurs, saisit avidement toutes les pensées, toutes les intentions du poète et les fait siennes par d'unanimes bravos.

Leurs Majestés ne quittent le théâtre qu'après le premier

acte du *Trouvère*. Les mêmes acclamations, qui les ont accueillies à leur arrivée, font de nouveau vibrer la salle; puis, reprises et continuées par la foule qui, malgré l'heure avancée, n'a pas cessé de stationner au-dehors, elles se propagent de rue en rue et ne cessent qu'après que Leurs Majestés sont rentrées dans leur palais.

# DEUXIÈME JOURNÉE.

## *Dimanche , 9 septembre.*

L'affluence de la veille s'est accrue de toutes les personnes que la solennité du jour rend libres des affaires et du travail. Le programme a fait connaître que Leurs Majestés iraient entendre la messe à Notre-Dame-de-la-Garde. Depuis environ six cent cinquante ans que la piété publique a consacré ce sanctuaire, il n'a encore reçu la visite d'aucune tête couronnée. Leurs Majestés sont donc les premiers souverains qui n'hésitent pas à gravir la colline pour y apporter le tribut de leurs dévotions. Cette circonstance est un nouveau stimulant pour la population , heureuse de voir sa ferveur pour LA BONNE MÈRE ainsi comprise et partagée par le Monarque de son choix et par sa gracieuse compagne. Aussi, bien longtemps avant le moment annoncé, la montagne a-t-elle disparu sous le flot mouvant qui l'envahit, et n'est-elle plus qu'une immense fourmilière que dominent les murailles grises du vieux fort et les nombreux pavois de la chapelle provisoire.

A dix heures, Leurs Majestés, en calèche découverte, s'y rendent par le cours Bonaparte, la Corderie , les lisses extérieures de St-Victor et le chemin qui fait suite au pont du Jardin Bonaparte. Toutes ces voies ont été réparées et adoucies, de sorte que les voitures parviennent sans difficulté jusqu'à la hauteur du quatrième oratoire.

A partir de ce point , l'ancien escalier , délabré et rompu , a été remplacé par un escalier solidement construit en ciment, dont les 104 marches sont coupées par de nombreux repos. Leurs Majestés le gravissent entre deux haies d'arbustes et de vases de fleurs. Au seuil de la chapelle devant laquelle une tente en velours a été dressée, Elles sont reçues sous le dais par Mgr l'évêque de Marseille, assisté de Mgr l'évêque de Cérame *in partibus* et de ses grands-vicaires. Monseigneur, après avoir offert à Leurs Majestés l'eau bénite et l'encens, prononce l'allocution que nous allons reproduire :

« SIRE, MADAME,

« La présence de Vos Majestés dans ce sanctuaire vénéré ajoute un nouvel éclat à son illustration séculaire. »

« L'histoire de notre ville dira qu'après avoir contribué par votre munificence à la réédification du temple consacré à la Mère de Dieu, vous avez voulu venir visiter les travaux de cette pieuse entreprise avant qu'ils fussent achevés, et donner ainsi un solennel témoignage de la part que vous prenez à la grande dévotion marseillaise. »

« Vous ne pouviez mieux vous associer à l'esprit éminemment religieux de notre cité, ni manifester plus heureusement vos sentiments personnels envers la glorieuse patronne de la France. »

« Vous venez invoquer une protection qui n'a jamais fait défaut à Marseille. Cette protection couvrira particulièrement cette résidence impériale, que nous voyons s'élever au pied de notre sainte montagne, et, pour ainsi dire, sous la main maternelle de celle dont on vient de toutes les parties du monde implorer l'assistance. »

« Lorsque Vos Majestés nous accorderont la faveur d'un séjour, toujours trop court pour nous, elles seront placées comme à l'ombre du sanctuaire de Marie, et presque à la source de ce torrent de grâces, qui, selon l'expression de l'Ecriture, *réjouit la cité de Dieu.* »

« Vos regards seront frappés à chaque instant d'un spectacle vraiment saisissant. »

« Si le mouvement toujours croissant de nos ports, où flottent au nord et à l'est de votre demeure d'innombrables pavillons, et si les horizons de notre mer, dont les vagues azurées viennent expirer contre les murs de ce palais, captivent votre attention et intéressent votre sollicitude pour la prospérité de notre commerce, vous verrez en même temps en face de vous notre future cathédrale élancer ses coupoles grandioses sur l'autre rive. »

« Sans doute, en nous rappelant sans cesse une mémorable recommandation de l'Empereur, elle nous invitera nous-même à prier pour celui dont les mains ont posé la première pierre de ce magnifique monument, mais aussi elle retracera à vos cœurs leurs plus religieuses pensées, tandis qu'au dessus de vos têtes, notre célèbre sanctuaire vous apparaîtra comme l'étoile de la mer, réfléchissant sur vous, par un rayon tout particulier, les plus douces influences du ciel. »

« Nous aimons à croire que ce sanctuaire sera toujours plus cher à votre piété comme à celle des habitants de Marseille. »

« Pour moi, c'est avec bonheur que je suis appelé à introduire Vos Majestés devant l'autel de la Reine des Cieux pour y solliciter par son intercession la constante intervention de ce bras invincible, qui seul élève et soutient ce qui est grand parmi les hommes. »

« Cette pieuse invocation du secours d'en haut m'est personnellement un devoir d'autant plus doux que, par là, je fais une fois de plus acte public de reconnaissance, pour les inappréciables bontés de l'Empereur et particulièrement pour la pensée si bienveillante, dont l'objet a été d'obtenir du Souverain Pontife pour moi, et conséquemment pour mon siège, la plus éclatante distinction. »

« Puissions-nous être exaucé dans les vœux que nous offrirons à Dieu par les mains de sa Sainte-Mère ! Daigne le Seigneur donner son appui à vos armes, dans l'extrême Orient et dans cette récente expédition dont, fidèle aux traditions de notre histoire, non moins que sensible au cri du sang de nos frères, vous avez pris, Sire, la généreuse initiative en faveur de la Syrie désolée ! Que le Seigneur soit avec vous dans tous les travaux de votre règne ! Qu'il vous communique sa lumière et sa force dans l'accomplissement de votre mission pour la gloire et le bonheur de la France, comme pour la paix de l'Europe et la prospérité de l'Eglise ! Qu'il vous donne de triompher de tous les obstacles suscités par la révolution aux plans de votre sagesse sur l'Italie et aux vœux de votre religion envers le père commun des fidèles, dont vos armes protègent la sécurité et dont vous aviez à cœur de sauvegarder les états ! Que sur terre et sur mer le Seigneur vous accompagne de sa protection et vous accorde le plus heureux retour dans le voyage que vous avez entrepris ! »

« Et vous, Madame, dont les tendres et pieux sentiments sont si sympathiques à nos vœux pour votre glorieux époux, vous qui attirez les peuples vers lui par le charme de vos bontés, vous continuerez votre vocation tutélaire devant la Mère de Dieu, en appelant sur l'Empereur des bénédictions que nous invoquons aussi sur votre Personne et sur le Prince Impérial, déjà béni par moi le jour même de sa naissance, du haut de ce sanctuaire dont l'image fût suspendue sur son berceau. Ce souvenir nous est un motif de plus de le tenir aujourd'hui pour présent au milieu de ses augustes parents, heureux et exaucés dans ce gage d'avenir donné à la France. »

A ce discours, l'Empereur répond immédiatement :

« C'est avec bonheur que je viens au milieu de vous, pour me mettre sous la protection de la Reine des Cieux, dans le sanctuaire que lui a consacré votre dévotion. »

« Lorsque, il y a huit ans, je posai la première pierre de la Cathédrale, vous me promîtes, Monsieur, d'adresser au ciel des prières pour le rendre favorable à mes projets ; ces demandes ont été exaucées. Aujourd'hui, à mon retour dans cette ville de Marseille, que je trouve encore plus florissante, je viens de nouveau me recommander à vos saintes prières, alors que je vais moi-même invoquer la Sainte-Vierge pour la prospérité de la France et de votre ville. »

Le sanctuaire actuel n'a d'autres ornements que les milliers d'*ex-voto* qui en tapissent toutes les parois. C'est là que Leurs Majestés entendent la messe, environnées de ces images souvent naïves, mais précieuses en ce qu'elles sont des témoignages irrécusables de notre foi et de l'inépuisable bonté de notre divine protectrice. Pendant le saint-sacrifice célébré par Monseigneur, divers morceaux de musique sacrée sont exécutés par les classes du Conservatoire. Après la messe, Leurs Majestés sont introduites dans le fort et dans la chapelle en construction, dont elles examinent les travaux avec le plus vif intérêt. Leur retour à leur résidence s'effectue par les mêmes voies qu'elles ont suivies pour venir.

Et maintenant comment parler de cet instant solennel pendant lequel Leurs Majestés, entourées des autorités, se sont avancées au bord de la terrasse pour contempler l'admirable panorama dont M. le Maire leur expliquait les détails ? Quel tableau ! Quelle scène ! Marseille, l'aînée des cités françaises , toujours jeune pourtant , toujours grandissant, toujours élargissant sa ceinture ! Son vieux port, l'incomparable et précieux *Lacydon* qu'elle entoure de ses bras comme un avare gardant son trésor ! Ses ports nouveaux, chefs-d'œuvre du génie moderne ! La riche et brillante Méditerranée, sa tributaire depuis vingt-cinq siècles ! L'empereur , calme comme tout ce qui est grand, planant du regard sur cet ensemble et méditant sans doute quelque bienfait inattendu pour la reine du lac français ! Puis , la fourmilière humaine, échelonnée de la base au sommet de la montagne et confondant ses cent mille voix dans une longue et formidable clameur d'allégresse et d'amour ! Que pourrions-nous ajouter à cette énumération ? Ne suffit-elle pas pour faire comprendre tout ce qu'il y a eu de grandiose et d'émouvant dans ce court épisode de la journée ?

A l'accomplissement du devoir religieux , succède la fête militaire. Vers le milieu du jour, les troupes de la garnison, les Sapeurs-pompiers , les corps de la Douane et de l'Octroi se rangent en bataille sur la Canebière et sur les quais de la vieille ville. A une heure et demie, l'Empereur à cheval , suivi d'un nombreux et brillant état-major, après avoir parcouru la longue ligne, vient se placer à l'extrémité supérieure de la Canebière pour le défilé, auquel assiste en voiture Sa Majesté l'Impératrice , accompagnée de ses dames. Aux cris de *Vive l'Empereur ! Vive l'Impératrice ! Vive le Prince Impérial !* mille et mille fois répétés par la troupe électrisée, répondent comme un écho incessant les innombrables spectateurs entassés dans les rues, pressés aux fenêtres et juchés jusque sur les toits des maisons.

La revue terminée, Leurs Majestés se rendent par la voie de terre au Palais Impérial, actuellement en construction sur le plateau de la Tête de Maure, où elles sont reçues par M. le Maire et par M. Vaucher, l'éminent architecte de cette résidence. C'est au milieu du désordre plus apparent que réel d'un chantier couvert de matériaux à pied d'œuvre, que M. Vaucher a l'honneur de soumettre à l'examen détaillé de l'Empereur les travaux déjà terminés et les plans de ceux qui restent à faire. Sa Majesté témoigne sa satisfaction et s'applaudit de l'heureux choix de cet emplacement d'où l'on jouit d'une vue admirable, et d'où l'on découvre à la fois l'ancien et les nouveaux ports, dont les axes viennent y converger.

Tandis que Leurs Majestés s'entretiennent avec les autorités, un incident se produit, que le programme n'avait pu signaler, mais qui ajoute un trait de plus au spectacle si animé de la passe et de la rade. Un navire, *La Joséphine-Amédée*, construit aux chantiers du Pharo, entièrement terminé et tout pavoisé, repose sur son ber, prêt à être lancé. Sa mise à l'eau, retardée exprès jusque-là, s'opère avec un plein succès sous les yeux de Leurs Majestés, aux applaudissements et aux vivats de la terre et de la mer. Nous ne disons rien de trop, car si la plage est inondée de spectateurs, la mer est littéralement couverte d'embarcations et de bateaux aux pavillons de mille couleurs.

En même temps, *le Céphise,* paquebot à vapeur des Messageries impériales, mis à la disposition de Leurs Majestés, avait accosté l'embarcadère établi près du point appelé la Fontaine du Roi. A trois heures et demie, Leurs Majestés s'y embarquent et dirigent leur promenade du côté des îles, suivies par six autres bateaux à vapeur chargés de monde, et en traversant la pittoresque flotille dont nous venons de parler. Arrivées en face de Ratonneau, un signal est donné : à l'instant, un tonnerre souterrain se fait entendre, et l'île disparaît derrière un nuage de fumée et de poussière, au milieu d'un fracas assourdissant. Le nuage dissipé laisse voir une portion de la montagne que la puissance de l'effort a soulevée, et qui, en s'écroulant, s'est émiettée en fragments. Cet effet, combiné d'avance, est dû à l'explosion de deux mines chargées, l'une de douze mille, l'autre de seize mille kilogrammes de poudre.

Peu après, *le Céphise* et les autres bateaux font route vers la terre ferme, et le retour de Leurs Majestés a lieu par le port Napoléon et par le port de la Joliette, où elles descendent sur le quai vis-à-vis la Cathédrale, pour de là se rendre en voiture à leur Palais.

Tout ce que nous avons raconté jusqu'ici des préparatifs et des fêtes, n'est que peu de chose en comparaison de la solennité qui va clore ce beau jour. Le bal du château Borrély, donné par la ville en l'honneur de Leurs Majestés, devait être la fête populaire, la fête marseillaise par excellence. La Municipalité, s'inspirant du sentiment général, n'avait rien négligé pour la rendre digne et des Illustres Hôtes à qui elle était offerte et de la cité dévouée qui l'offrait. Nous allons nous efforcer de faire connaître les nombreuses dispositions qui avaient été prises, les travaux considérables qu'on avait dû faire.

Le château Borrély, situé sur la rive gauche et à plus de cinq cents mètres de l'Huveaune, a sa façade principale tournée au nord, c'est-à-dire du côté du Prado auquel il s'agissait de le relier. Deux allées d'arbres séculaires conduisent au bord de la rivière ; mais de là au Prado, il y avait d'abord l'Huveaune à franchir et ensuite des terres meubles à traverser sur une longueur de deux cent quatre-vingts mètres. De plus, dans les dépendances du château, entre les deux allées et non loin du bord de la rivière, existait un antique édifice à tourelles, servant depuis longtemps de ferme, et qui fut jadis *la bastide* de la noble famille de Valbelle.

L'administration n'hésite pas ; les terres de la rive droite sont consolidées et converties en un boulevart de quarante-cinq mètres de largeur dans l'axe du château, depuis le Prado jusqu'à l'Huveaune. Le pont, dont les culées seules subsistent, est rapidement terminé ; il n'a qu'une seule arche de douze mètres, mais sa largeur est celle du boulevart ; il reçoit le nom de pont de Valbelle, en souvenir du manoir de ce nom qui a été complètement rasé. Tous les terrains de la dépendance du château sont déblayés, remaniés, nivelés et raffermis. Ainsi se trouve créée, du Prado au perron de l'édifice, une avenue d'environ huit cents mètres de longueur. L'espace compris entre les deux grandes allées devient un parterre, et au-delà, de chaque côté, sur une surface de huit hectares, s'étendent de vastes pelouses destinées aux bals publics.

Immédiatement après le pont, à l'entrée du parterre, apparaît sur son piédestal la statue de Marseille, qu'une pensée heureuse a placée là pour souhaiter la bienvenue à ses Augustes Invités. Plus loin est un monticule couronné de rochers pittoresques d'où s'échappent en cascades d'abondantes nappes d'eau. Plus loin encore, c'est Diane chasseresse, beau bronze florentin du dix-septième siècle, dont le socle surgit d'une corbeille de perles liquides, dessinée par six cents jets d'eau déversant dans un bassin.

C'est enfin le château dont on a quadruplé l'étendue par une construction provisoire qui l'enveloppe sur trois de ses faces. Elle présente en regard du parterre un avant corps légèrement saillant, ouvrant sur la terrasse par sept grands portiques, encadrés de chambranles, ornés de médaillons dans les tympans et couronnés par une corniche que surmonte un cordon de dentelures et de trèfles découpés. Les arrières-corps ont chacun trois portiques pareils et une ornementation identique. Au-dessus de la porte principale est un grand trophée aux armes de la Ville. Les faces latérales des arrières-corps se raccordent par des retours d'équerre et s'alignent avec la façade postérieure du château qui reste seule à découvert.

L'espace ainsi conquis est divisé en cinq grands compartiments communiquant ensemble. Trois d'entre eux occupent en entier, sur une longueur de quatre-vingt-cinq mètres, le front visant au nord, et sont destinés au bal proprement dit. Des deux autres, l'un est le buffet des dames et le dernier une salle de pas perdus. Au couchant de celui-ci s'étendent encore des constructions considérables destinées au buffet pour les hommes, puis aux gens de service, aux offices, aux caves, etc.

La pièce principale, celle de l'avant-corps, est la salle du trône. Un perron à double rampe y donne accès ; au haut bout, sur une estrade qu'abrite un dais en velours cramoisi dominé par la couronne impériale, sont deux trônes pour Leurs Majestés. La salle est tendue, meublée et drapée aux couleurs de l'Empereur, vert et or. Le large encorbellement qui relie les murs au plafond est orné de N et d'E couronnés, d'aigles et de palmes ; des rinceaux courent tout autour ; le plafond est décoré de soffites ; en face de l'entrée est la tribune de l'orchestre. Les deux vastes salons qui encadrent la salle du trône sont construits et disposés d'une manière exactement semblable. Ils ne diffèrent que par la couleur de leur tenture et de leur ameublement jaune-chamois.

L'élégance et le bon goût ont présidé à la remarquable décoration de ce vaste intérieur : la moire et le satin y chatoyent sous toutes les formes aux murs, aux fenêtres, aux baies des portes ; de hautes jardinières y étalent dans tous les angles leurs massifs de verdure et de fleurs ; une profusion de lustres, de bras, de girandoles y supportent des milliers de bougies et l'inondent de clarté.

Les appartements du Château où l'on pénètre par la salle du trône, ont été réservés à l'usage particulier de Leurs

Majestés. A l'ancien luxe de cette habitation princière sont venues s'ajouter toutes les recherches du luxe moderne. Somptueux tapis, riches tentures, meubles précieux, glaces de dimensions fabuleuses, rideaux et portières de velours, crépines et glands d'or, lustres éblouissants y sont prodigués partout et font de ces beaux appartements autant d'écrins d'une merveilleuse magnificence.

Il nous reste à décrire la décoration des voies qui, de la Préfecture conduisent au Château. Le Cours, la rue et le chemin de Rome, le Prado dans toute sa longueur, sont, de vingt en vingt mètres, bordés de grands mâts vénitiens au sommet desquels flottent des oriflammes tour-à-tour tricolores ou aux couleurs et aux chiffres de Leurs Majestés, toutes ornées de glands et de torsades, toutes galonnées d'or. Des mâts plus grands entourent la place de Rome, celle de Castellane et le Rond-point.

L'Obélisque élevé, sous le premier Empire, en l'honneur du Roi de Rome, a subi une complète métamorphose.

Le pourtour de son vaste bassin est devenu un talus de gazon coupé par des massifs de fleurs ; vis-à-vis des quatre angles, posent des naïades aux proportions colossales ; un second bassin en forme de corbeille, d'un galbe élégant, porté par quatre consoles, enveloppe le piédestal jusqu'à la hauteur de la corniche. De cette vasque alimentée par des mascarons, l'eau s'épanche en nappe et retombe dans le bassin inférieur ; au-dessus et contre chacune des faces de l'obélisque, est en demi relief une victoire debout, les ailes éployées et les bras élevés ; les mains de ces quatre figures se rencontrent aux quatre angles du monument et y soutiennent des couronnes de laurier ; ce mouvement est motivé par des inscriptions placées dans des cartouches au-dessus des victoires, dans l'ordre suivant :

Au nord, Solferino.

A l'est, Magenta,

Au sud, Sébastopol.

A l'ouest, Alma.

Tout cet ensemble est protégé par seize bornes en bronze, reliées par des chaines.

Le rond-point du Prado a vu en quelques jours édifier de toutes pièces un monument dont chacun a pu apprécier la belle ordonnance et les majestueuses proportions. Il se compose d'un bassin circulaire de trente mètres de diamètre. Le milieu du bassin est occupé par un stylobate carré de quatorze mètres de côté, aux angles duquel sont ajustés, dans des attitudes diverses, des dieux marins, armés de tridents et appuyés sur des monstres marins, jetant de l'eau par la gueule et par les narines. Sur cette bàse s'élève un hémisphère de quatorze mètres de diamètre. Au sommet, debout devant son trône, la statue de la France tient de la main gauche une hampe surmontée de la main de justice, et de la droite étendue, présente un glaive et un rameau d'olivier. Derrière le trône, on voit deux trépieds richement dorés. Sur le pourtour du socle qui soutient le trône et la statue, on lit en lettres d'or dans des festons de chène et de laurier également en or, les noms les plus glorieux des deux Empires, inscrits à la suite les uns des autres, sans ordre et sans choix, comme pour rappeler que la France ne distingue pas, mais confond toutes les gloires impériales en une seule gloire qui est la sienne.

En avant des deux angles antérieurs du trône et sur un plan un peu plus bas, sont assises deux figures personnifiant deux cités, Cherbourg et Marseille.

Cherbourg la guerrière a une ancre à ses pieds, un glaive à la main droite et un bouclier au bras gauche, prête à l'attaque comme à la défense. On la reconnaît à l'écusson de ses armes, *d'azur, à la fasce d'argent, accompagnée de trois tourteaux, deux en chef, un en pointe, du même.*

Marseille a également une ancre à ses pieds ; mais au lieu d'un glaive, c'est un caducée qu'elle tient, emblème du commerce et de la paix. De l'autre main, elle s'appuie sur son antique blason, *d'argent à la croix d'azur.*

L'hémisphère au pôle duquel sont placées ces trois figures est cerclé horizontalement par douze tablettes de quelques centimètres de saillie seulement, et par conséquent en retraite les unes des autres, de sorte que les flots qui s'échappent en abondance du haut du monument, en retombant d'une tablette à l'autre, le ceignent tout entier d'une série de cascades du plus gracieux effet.

Enfin, dans le bassin sont disposés circulairement douze supports pour des réchauds destinés à recevoir des feux de Bengale.

L'appareil pour l'illumination consiste en lustres à plusieurs rangs et en festons formés chacun par deux arcs de lumières, le tout suspendu par des chainettes aux mâts vénitiens et à des matereaux intermédiaires. Dans les rues Mazade, St-Ferréol et Canebière qui, du reste, ont été illuminées tous les soirs, autour de la place de Rome, sur le chemin de Rome, à la place Castellane, sur la première ligne et au Rond-point du Prado, lustres et festons alternent sans intervalle de chaque côté de la voie. Du Cours à la place de Rome et du Rond-point à la mer, le système est installé transversalement : c'est, de dix en dix mètres, un grand lustre au milieu, deux moindres sur les côtés et deux festons pour les réunir. Des appareils analogues, quoique variés dans leurs dispositions, éclairent les portails, la cour d'honneur, les avenues, les allées, nous allions dire tous les recoins du Château : les pelouses en sont entourées ; ils encadrent et dessinent les parterres dans tous leurs méandres, dans tous leurs moindres détails.

Ajoutons, pour ne rien omettre, que la montagne en face est constellée de feux de couleurs, que de puissants foyers de lumière électrique y distribuent leurs étranges clartés et qu'enfin, là bas au loin dans la mer, un gigantesque feu d'artifice fait éruption sur les iles de la rade.

Toutefois, et quoi que nous puissions dire, toute description technique est insuffisante pour donner une idée, même affaiblie, de cette prodigieuse illumination de plus de six kilomètres, de cette pérégrination sans fin entre des murailles et sous des voûtes ardentes, de ces monuments de l'Obélisque et du Rond-point, autour desquels les cascades irisées jouent aux lueurs fantastiques des flammes de Bengale, de cet ensemble que l'œil embrasse du perron de la salle du trône, longues lignes étincelantes, foyers électriques semblables à des parcelles dérobées au soleil, parterres flamboyants, horizons de feu, qui causent le vertige et font douter si l'on n'assiste pas à la réalisation d'un caprice de fée ou d'un conte des Mille et une nuits.

Le jour baisse à peine que, par tous les chemins qui aboutissent au Château, on voit se hâter toutes les classes de la population. Déjà les pelouses se remplissent et les voitures déposent au perron et dans la cour d'honneur des essaims de dames en parure. Les sociétés ouvrières de secours mutuels se succèdent, les unes en chantant des chœurs patriotiques, d'autres au son de la musique, d'autres guidées par le tambourin et le vif galoubet. Un groupe nombreux éclaire sa marche avec des torches et des flambeaux ; il est formé de tous les présidents, vice-présidents, secrétaires et membres des bureaux de ces sociétés auxquels se sont joints les six cents commissaires du bal, désignés par M. le Maire. Partis de l'Hôtel-de-Ville, ils viennent défiler devant le palais de la

Préfecture, afin d'y saluer Leurs Majestés par les plus vives et les plus cordiales acclamations. Puis, l'affluence augmente rapidement, et une heure ne s'est pas écoulée que, de la Ville au Château, c'est un fleuve véritable roulant les flots pressés que la populeuse cité lui verse incessamment.

L'aspect des salles est prestigieux : tout ce que Marseille renferme de jolies femmes et de femmes élégantes en occupe le pourtour, en grande toilette et en pleine lumière, sur cinq ou six rangs de sièges étagés. Tout ce qu'elle possède d'hommes du monde et d'hommes distingués est réuni au milieu en groupes compacts. A l'extérieur, le coup d'œil est plus saisissant encore, car, répétons-le, rien ne saurait être comparé à cet éclairage à perte de vue, à ces interminables cordons lumineux, à ces vastes espaces où trois cent mille âmes circulent et s'agitent, par une nuit tiède et calme, sous un ciel étoilé dont les astres pâlissent à l'éclat des feux de la terre.

Lorsque vers dix heures, les voitures impériales, avec leurs cochers et leurs valets de pied en grande livrée, leur escorte de Cent-gardes aux cuirasses lançant des éclairs, leur brillante suite d'autorités et de hauts fonctionnaires, s'engagent sur le long parcours, entre les deux haies vivantes qui piétinent et se pressent vers le château, ce qui éclate dans les airs, ce ne sont plus des acclamations perceptibles et qu'on puisse redire, c'est un formidable ouragan se déplaçant avec le cortège et courant avec lui du seuil de la Préfecture au rives de l'Huveaune.

A l'entrée du bal populaire, Leurs Majestés mettent pied à terre et, presque sans escorte, accompagnées seulement de M. le Maire et de quelques autres personnes, elles se mêlent à la foule accourue sur leurs pas. Est-il besoin d'ajouter qu'à ce moment l'enthousiasme atteint son paroxisme et que l'explosion des vivats par lesquels il se manifeste, acquiert une intensité qui, plus que jamais, défie toute narration ? Cette démonstration inouïe, sans se ralentir au dehors, se reproduit aussi ardente, aussi expansive dans l'intérieur des salles, quand M. le Maire à la tête du Corps et du Conseil municipal, reçoit Leurs Majestés au perron et les introduit au sein de l'assemblée. Tous les cœurs battent d'émotion, toutes les voix à l'unisson acclament Leurs Majestés, en même temps que tous les fronts s'inclinent respectueusement devant Elles.

Après quelques instants de repos, Leurs Majestés, daignent ouvrir le bal.

L'Empereur danse avec M^me Rouvière, femme de M. le premier Adjoint ;

L'Impératrice fait vis-à-vis avec M. le Maire ;

Les autres personnes qui ont l'honneur de figurer dans le quadrille impérial, sont :

| M^mes Roux, Trinidad, | MM. le général Frossard ; |
|---|---|
| Besson, | le général Lebœuf ; |
| De Sauley, | le général d'Aurelles ; |
| la comtesse de Rayneval, | Besson ; |
| Arnavon, Mathilde, | le général Levassor ; |
| la comtesse de la Poëze, | J. B. Pastré, président de la chambre de comm^ce. |

Le quadrille d'honneur terminé, le bal continue en présence de Leurs Majestés qui paraissent prendre plaisir à l'animation que la danse répand parmi la nombreuse réunion. Elles font ensuite le tour des salles, et, après s'être arrêtées sur le perron pour contempler encore l'émouvant spectacle du dehors, Elles se retirent dans l'intérieur du château où une collation leur est offerte. A minuit et demi, Elles montent en voiture dans la cour d'honneur et retournent à leur palais au bruit incessant d'une ovation pareille à celle qui a célébré leur bienvenue.

Telle a été cette soirée sans égale dans les annales de la Cité. Nous qui avons lu maintes fois toutes les relations des entrées de Princes, de Rois et même de Souverains Pontifes à Marseille, nous qui avons vu déjà bien des réjouissances publiques, nous pouvons affirmer sans crainte d'être démenti que rien ne saurait être comparé à la fête du château Borrély, ni la célèbre illumination des galères dans le port, quand il y avait des galères, ni le fameux banquet du Pharo du 4 octobre 1814, ni aucune autre solennité de ce genre, à quelque date que l'on veuille remonter. Et notons bien que nous ne voulons parler que de la partie matérielle de la fête et non de cet élan populaire qui l'a rendue significative autant que belle, car autrement le parallèle serait encore plus désavantageux pour nos pères.

# TROISIÈME JOURNÉE.

## *Lundi, 10 septembre.*

---

« *Dans la matinée du 10 septembre, promenade de Leurs Majestés dans les principaux quartiers de la ville.*» Ainsi s'énonce le programme, impuissant à mieux préciser et forcément laconique. Pourtant, cette courte phrase a suffi pour faire naître de nombreuses espérances parmi la population, et, comme l'on se persuade aisément ce que l'on désire, il y a des quartiers où, dans l'attente du passage de Leurs Majestés, les habitants ont spontanément et sans autre avis pavoisé les rues et décoré leurs maisons. Mais les promenades de Leurs Majestés ne sont jamais des courses sans utilité. Celle de l'Empereur avait pour but de constater l'importance et les progrès de nos grands établissements industriels. Celle de l'Impératrice, protectrice des salles d'asile, ne pouvait manquer d'être dirigée vers ces utiles institutions.

Grâce aux perfectionnements introduits par les découvertes modernes, nos fabriques de savon et nos raffineries de sucre sont aujourd'hui de véritables laboratoires de chimie, comme nos ateliers pour la construction des machines sont en quelque sorte des écoles d'application des sciences exactes. C'est à l'examen de ces trois branches que l'Empereur daigne consacrer sa matinée.

La première visite est pour la fabrique de savon de M Arnavon, située rue Fort-N.-D.-de-la-Garde, où Sa Majesté se rend à dix heures, accompagnée de M. le Préfet et de l'un de ses aides de camp. Elle méritait bien cet honneur, notre industrie *savonnière*, qui est si bien naturalisée à Marseille

M. le Maire, que rien ne distrait du soin des intérêts municipaux, avait fait étudier un de ces projets dont la réalisation ne s'adresse pas seulement à l'avenir, mais devient chaque jour une nécessité plus urgente. C'est durant les loisirs de la traversée de Marseille à La Ciotat que ce projet est soumis à l'Empereur. Après une appréciation approfondie et sur le rapport écrit de M. le Maire, Sa Majesté daigne y donner son approbation.

Nous transcrivons ici le rapport de M. le Maire. Ce document clair et rapide, lucide et concis, dira bien mieux que nous ne saurions le faire, en quoi consiste le projet lui-même, quels sont les voies et moyens et dans quelles proportions l'Etat et la Ville doivent y contribuer.

*« A Sa Majesté l'Empereur des Français.»*

« SIRE,

« La ville de Marseille vous doit les grands travaux dont l'exécution si longtemps suspendue, a été rapidement décidée en 1853, par l'intervention de votre volonté souveraine. »

« Aujourd'hui, elle sollicite de Votre Majesté un nouvel acte de cette puissance qui applanit les difficultés et donne l'essor aux grandes entreprises. »

« Ces vastes bassins, ces grands établissements commerciaux, cette magnifique cathédrale, conquis par vous sur notre Méditerranée, et fondés sur un sol naguère inutile, sont jusqu'à présent voués à l'isolement et séparés de cette belle cité pour laquelle vous les avez créés. »

« L'ouverture d'une large rue à travers cet amas d'habitations, dont la condition déplorable est notoire, peut seule opérer une réunion réclamée tout à la fois au nom du commerce et de l'humanité. »

« Mais, Sire, cet immense travail ne peut être exécuté, si les ressources de l'Etat ne viennent pas au secours du budget communal. »

Cette intervention du trésor n'est pas nouvelle, et jamais elle n'aura rencontré une plus juste application que dans la circonstance actuelle, où il s'agit d'ouvrir un débouché nécessaire au premier port de l'Empire. »

« Le chapitre du budget destiné à pourvoir à l'établissement et à l'entretien des routes impériales, peut aisément fournir en quelques années la somme qui vous est demandée· Cette somme, qui s'élèverait au tiers de la dépense incombant à la Ville, ne devrait pas dépasser 6 millions. Ce serait donc au plus 1,500,000 fr. par an, pendant quatre ans. »

« Les plans et devis seraient soumis à l'approbation de Votre Majesté, et les travaux, quoique subventionnés par l'Etat, n'en conserveraient pas moins leur caractère municipal, en ce qui concerne l'exécution. »

« Je suis, Sire, avec le plus profond respect, de Votre Majesté, le très-humble, très-obéissant et trés-dévoué sujet et serviteur. »

*Le Maire de Marseille,*
LAGARDE.

Approuvé :
**NAPOLÉON.**                    Le 10 septembre 1860.

A l'Empereur d'abord notre reconnaissance et nos actions de grâce pour cette précieuse approbation ! A M. le Maire ensuite pour l'intelligente activité avec laquelle il a su provoquer une solution qui se laissait à peine entrevoir dans un lointain avenir !

C'est à la nuit seulement que l'Aigle ramène Leurs Majestés à Marseille, où elles ont consenti à honorer de leur présence la Fête du Commerce.

Un concours de circonstances dont il faut se féliciter lorsqu'on en considère le résultat, avait voulu que le palais de la Bourse récemment terminé, ne fut pas encore livré aux opérations commerciales, comme si, dans les desseins de la Providence, les portes n'en pouvaient être ouvertes que par la même main qui en avait posé la première pierre. Notre chambre de commerce, saisissant l'à-propos, n'avait pas manqué de supplier l'Empereur d'inaugurer, par le banquet du 10 septembre 1860, l'édifice à la fondation duquel le Prince président avait concouru le 26 septembre 1852.

L'architecture et la sculpture à l'envi se sont surpassées pour embellir la vaste salle de la Bourse. Le luxe des canelures, des rosaces, des rinceaux, des ornements de toute nature qu'on y a prodigués et les beaux bas-reliefs où les principales phases de notre histoire locale se déroulent sur les pendentifs de la voûte, lui font une décoration telle qu'aucune tapisserie, aucun tissu, pour précieux qu'ils soient, n'y sauraient rien ajouter. Aussi les ordonnateurs de la fête se sont-ils contentés de fermer par des portières les trois arcades du fond et d'inonder de lumière tout le vaisseau.

La table principale, en fer à cheval, fait face à l'entrée ; vis-à-vis de chacune des deux branches du fer à cheval, deux autres tables, coupées au milieu par des passages, s'étendent dans toute la longueur de la salle. Les hauts fonctionnaires, les autorités et l'élite du commerce doivent s'y asseoir, au nombre d'environ 250 personnes.

Les bas-côtés sous les arcades et les galeries du premier étage rayonnent de dames en grande parure et d'un public choisi.

C'est dans cette enceinte que, vers neuf heures, Leurs Majestés prennent place au banquet, au milieu de toutes les démonstrations imaginables de l'enthousiasme le plus ardent. L'Empereur a M. le maréchal de Castellane à sa droite ; l'Impératrice, assise à côté de l'Empereur, a M. Jean-Baptiste Pastré, président de la Chambre de Commerce, à sa gauche.

Au dessert, M. Pastré se lève et porte le toast suivant :

« Sire , Madame , »

« Le commerce de Marseille inscrira au nombre de ses plus beaux jours, celui où Vos Majestés daignent honorer de leur présence l'inauguration de son palais. »

« Chargé de vous exprimer, en son nom, tout le bonheur qu'il ressent de votre visite si flatteuse, je n'accomplirais qu'une partie de mon mandat, si, dans cette circonstance solennelle, je ne rappelais, Sire , vos principaux titres à la reconnaissance du pays. »

« Vous avez rétabli l'ordre en France, relevé notre prestige au dehors par le succès de vos armes et l'agrandissement de nos frontières ; mais ce que nous avons à cœur de constater surtout, nous organes d'un grand port, c'est que vous avez su déposer l'épée qui gagne des batailles pour prendre la plume qui signe des traités de paix et de commerce. »

« Le programme du 5 janvier restera comme un des actes les plus mémorables de votre règne : c'est le prélude glorieux d'alliances universelles ! En abaissant les barrières qui nous ont trop longtemps séparés des autres peuples, en ouvrant le monde entier à notre pavillon et à nos échanges, vous avez fait, Sire, la plus féconde des conquêtes, et la France entière en recueillera les fruits. »

« Dans cette large voie, que votre prévoyance vient d'ouvrir à l'industrie et au commerce, l'activité marseillaise marchera avec ardeur et confiance. »

« C'est ici que l'Orient et l'Occident sont conviés par la civilisation à se donner la main; c'est sur la Méditerranée que doivent s'accomplir les plus grands travaux de la paix;

Marseille ne le perdra pas de vue ; elle saura remplir sa mission et répondre à votre attente. »

« Enfin, nous ne pouvons passer sous silence ces magnifiques créations dont notre ville a été dotée sous votre règne, et qui exécutées sous la puissante impulsion que vous avez le secret d'imprimer à tous les travaux publics, porteront l'empreinte grandiose et le caractère utile de vos œuvres. »

« Pour des services aussi éminents, Marseille vous doit, Sire, une reconnaissance sans bornes que l'élan de la population vous a témoignée partout et dont je suis fier d'être ici l'interprète. »

« Madame,

« Le commerce de notre grande cité salue avec bonheur, dans ce temple qu'il ouvre à l'union des peuples, sa gracieuse Souveraine, celle qui règne sur les cœurs. Impératrice bien-aimée, providence des malheureux, permettez-nous de déposer aux pieds de Votre Majesté, l'hommage de notre respectueux dévouement. Daignez agréer les vœux que nous adressons au Ciel pour vous et Votre Auguste Fils, noble héritier qui doit présider un jour aux destinées de la France, et sur lequel repose l'espérance de l'avenir.

« A l'Empereur ! A l'Impératrice ! Au Prince Impérial ! »

A ce toast l'Empereur répond d'une voix accentuée, dont pas une inflexion n'est perdue pour l'auditoire attentif et recueilli.

« Messieurs,

« Le banquet offert par la chambre de commerce me procure l'heureuse occasion de remercier publiquement la ville de Marseille de l'accueil chaleureux qu'elle a fait à l'Impératrice et à moi. »

« Les démonstrations si unanimes d'attachement que nous avons reçues depuis le commencement de notre voyage me touchent profondément, mais ne sauraient m'enorgueillir, car mon seul mérite a été d'avoir une foi entière dans la protection divine, comme dans le patriotisme et le bon sens du peuple français. »

« C'est l'union intime entre le Peuple et le Souverain qui fait notre force à l'intérieur comme à l'extérieur, et qui nous a permis, malgré de grandes difficultés, de ne jamais arrêter notre marche progressive. »

« Ce désir du bien, cet élan vers tout ce qui est noble et utile ne saurait se ralentir aujourd'hui que les circonstances sont plus favorables et que la tranquilité est le vœu de tout le monde. Si quelques murmures envieux viennent de loin frapper nos oreilles, ne nous en inquiétons pas ; ils se briseront contre notre indifférence comme les vagues de l'Océan expirent sur nos côtes. »

« Travaillons donc de toutes nos forces à développer les ressources de notre pays ; les travaux de la paix ont à mes yeux des couronnes aussi belles que des lauriers. Dans l'avenir de prospérité et de grandeur que je rêve pour la France, Marseille tient naturellement une large place, par son énergie et l'intelligence de ses habitants comme par sa position géographique. A proximité du port militaire de Toulon, elle me semble représenter, sur ces rives, le génie de la France, tenant d'une main l'olivier, mais sentant son glaive à son côté. »

« Qu'elle règne en paix sur cette mer, la cité phocéenne, par la douce influence du commerce ; qu'elle civilise par la multiplication des rapports les nations barbares ; qu'elle resserre les liens des nations civilisées ; qu'elle engage les peuples de l'Europe à venir se donner la main sur les rives poétiques de cette mer et ensevelir dans la profondeur de ses eaux les funestes jalousies d'un autre âge ; enfin que Marseille se montre toujours telle que je la vois, c'est-à-dire, à la hauteur des destinées de la France, et un de mes souhaits les plus ardents sera accompli. »

« Je porte un toast à *la ville de Marseille !* »

Ces nobles et éloquentes paroles, ce poétique programme de la paix, ces vœux pour les destinées de Marseille remuent profondément tous les cœurs et excitent une tempête d'applaudissements qui ne se calme que longtemps après le départ de Leurs Majestés.

A l'issue du banquet, c'est-à-dire vers onze heures, Leurs Majestés, accompagnées par M. le Maire, par ses Adjoints et le Conseil municipal tout entier, traversent la foule qui persiste à stationner aux alentours de la Bourse, et se rendent à bord de *l'Aigle*, où elles passent la nuit. Le lendemain 11, au point du jour, l'escadrille impériale quitte notre port et fait route pour Toulon.

Cependant tout ne devait pas être fini pour nous ; un espoir légitime nous était laissé d'acclamer encore une fois Leurs Majestés, puisque Marseille était le port désigné pour leur retour de l'Algérie. Déjà les dispositions étaient prises à l'embarcadère du quai Napoléon ; déjà la gare du chemin de fer avait préparé ses salons ; déjà la population, dans son patriotique empressement, s'était massée sur la Canebière et sur les quais, lorsque le bruit se répand que Leurs Majestés ont débarqué à Port-Vendres. En effet, une violente bourrasque, un caprice de la mer avaient forcé *l'Aigle* de s'y arrêter. De là, Leurs Majestés avaient pris le chemin de fer du Midi et se dirigeaient vers Tarascon, où le train impérial allait les attendre.

A ce désappointement s'est jointe bientôt la nouvelle du coup douloureux qui venait de frapper la famille impériale dans une de ses plus intimes affections. La mort de la duchesse d'Albe, sœur chérie de l'Impératrice, a été ressentie à Marseille comme un malheur public, et il n'y a eu personne dont le cœur ne se soit ému et n'ait souffert de la douleur de notre belle, bonne et bien-aimée Souveraine.

Qu'il nous soit permis, avant de terminer, de jeter en arrière un rapide coup d'œil. C'est la troisième fois depuis huit ans que notre ville est honorée de la présence du chef de l'Etat. Au mois de septembre 1852, Louis-Napoléon faisait un premier voyage à Marseille. L'autorité locale ne manqua à aucun de ses devoirs; mais, tandis que tous les actes, tous les discours officiels étaient forcément émaillés de ces expressions, *Prince*, *Altesse*, comment répondait la foule qui les avait lus, qui les entendait ? Elle répondait : Vive Napoléon ! Vive l'Empereur!

Evidemment ces acclamations n'auraient pas eu de sens, si elles n'avaient exprimé le vœu ardent que la force des choses arrachait à la conscience publique. Elles voulaient dire: Sauvez la France ! Sauvez-nous ! Elles étaient d'autant plus sincères que, plus que toute autre ville, Marseille commerçante avait besoin d'être sauvée.

Le 11 mai 1859, ou six années et demie après, Napoléon III traversait nos murs pour se mettre à la tête de l'armée d'Italie. Les vœux de 1852 avaient été exaucés ; l'Empire était redevenu une noble et glorieuse réalité ; c'était la France replacée à son rang et forcée à ce moment de diriger encore une fois la pointe de son épée vers sa vieille ennemie. Qui de nous n'a présents à la mémoire les adieux faits à nos soldats par la multitude accumulée sur les quais et sur les jetées à chaque embarquement? Allez, vaillants ! semblait-elle leur crier par toutes ses voix ; allez ! Nous sommes fiers de vous et nous avons confiance en vous. Orgueil et confiance, tels étaient les sentiments qui dominaient la population. Orgueil et confiance, telle fut la signification des chaleureux vivats qui saluèrent le Monarque à son passage.

En 1860, l'Empereur daigne encore venir à nous, accompagné cette fois de l'Impératrice. L'Empereur ! grand à la guerre, plus grand dans la paix, et qui a tenu bien au-delà de ce qu'on aurait osé espérer. L'Impératrice ! c'est-à-dire la grâce, la douceur et la bienfaisance personnifiées. Comment le peuple n'aurait-il pas compris tout ce que déjà il y a eu d'heureux pour lui et pour son avenir, dans la naissance du Prince Impérial et dans cette union sur le trône, de la sagesse habile avec la bonté touchante ! Comment n'aurait-il pas témoigné sa gratitude pour ces utiles créations qu'il voit surgir de toutes parts et qu'il sait bien être dues à la sollicitude du Souverain dont les premiers mots, à son arrivée, ont été ceux-ci : « *Je veux que Marseille soit la première ville de* « *la Méditerranée.* » Aussi les acclamations que nous avons entendues ont-elles eu un caractère particulier d'effusion et de cordialité. Ce n'étaient pas uniquement des assurances de respect et d'affection pour la Majesté Souveraine, c'étaient surtout des actions de grâce et des élans de reconnaissance pour le magnanime bienfaiteur.

Marseille, septembre 1860.

———————

## COMPOSITION DU CONSEIL MUNICIPAL DE MARSEILLE

Pendant le Séjour de

# LEURS MAJESTÉS IMPÉRIALES.

---

MM. LAGARDE, Louis, ❋ ✝, Maire.

Rouvière, Balthazard, Adjoint.

Ménard St-Martin, C. ❋ ✝, Adjoint.

Gros Hippolyte,                    id.

Roussier, Louis,                   id.

Roux, Marius,                      id.

Barroil, Adolphe, ❋, Conseiller municipal.

Bernex, Théodore,                  id.

Blanc, Albert,                     id.

Boyer, Romulus, ❋,                 id.

Broquier, Fortuné,                 id.

Carrier de Bubaton, Pierre,        id.

Clappier, Alexandre, ❋,            id.

Daumas d'Alléon,                   id.

Deville, Louis, ❋,                 id.

Dromel, Auguste,                   id.

Emeric-Party,                      id.

Fabre, Augustin,                   id.

Falque, aîné,                      id.

Girard. Jules, ❋;                  id.

Gouin, Louis, ❋,                   id.

MM. GRANOUX, Victor, Conseiller municipal.
Guigou. Julien,               id.
Jouvin, Victor,              id.
Massol d'André, C. +,      id.
Mathieu. François,         id.
Nathan, Maurice,         id.
Pechier, Bruno,          id.
Reggio, Nicolas,         id.
Roux, Adolphe,          id.
Seren, Louis,           id.
Lepeytre, Frédéric, ✿, Secrétaire général.